25813 Husum

AF171805

Gunnar Berndt

25813 Husum

Gedichte und Fotografien

Books on Demand GmbH Norderstedt

Bibliografische Information der Deutschen Nationalbibliothek
Die Deutsche Nationalbibliothek verzeichnet diese Publikation in der Deutschen Nationalbibliografie; detaillierte bibliografische Daten sind im Internet über http://dnb.d-nb.de abrufbar.

Impressum

copyright "25813 Husum" Gunnar Berndt, 2016
1. Auflage 11.2016

Herstellung und Verlag
BoD - Books on Demand, Norderstedt

ISBN-13: 9783743114029

Für Euch.

In Liebe für Mathilda, Leo
Christina,
meine Eltern
und
meine Freunde.

Brutfresser

Ich habe die ganze Brut aus dem Fluss gefressen.

Bin im Menschkostüm zurück an Land gekrochen.
Habe das Ufergras verbrannt,
mit meinen unförmig glühenden Lavahänden.
Bin der Finsternis entstiegen,
um die Schuld der Toten zu tilgen;
weide mich an den heimlichen Gebeten derer,
die die Nacht fürchten,
weil sie dann mit sich selbst allein sind.

Ich kauere gleichzeitig in allen Winkeln
dieser stinkenden, schmutzigen Stadt;
werde von den Hunden bepinkelt
und von den Alten gemieden.
Ich bin keine Schönheit. War ich nie.

Ihr seid mein Laich.

Seid meine Nahrung,
mein Perpetuum Immobile,
mein Spiegelbild,
mein Fleisch.
Das Band, das uns bindet,
bindet die Dinge der Welt;
vertilgt mich zuletzt
vertilgt es auch Euch.

Der Traum

Ich will mich ins hohe Gras legen
und abwarten, bis die Insekten kommen.
Und wenn sie mich dann Stück für Stück
zergliedern,
folgt mein Blick dem Zug der Vögel
am wolkenlosen Himmel.

Hier, nah dem Ufer der Aue,
dort wo alles fließt;
an diesem Rinnsal,
der schon seit Äonen sich ins Meer ergießt,
hier scheinen die Dinge zu schweben.
Wie stille Schmetterlinge,
nur ohne Nadeln.
Eine noch unvernähte Welt.
Eine wahrhaft offene Wunde.
Die tropft beständig auf den Grund.

So ward ich schwerelos zum Königinnenschmaus;
demontiert, in winzig kleine Happen,
albtraumwandlerisch, doch unverblüht;
heimgekehrt. Zu Haus.

Ach, Du.
Wie kann es sein, dass Du mich liebst?
Mich,
dieses alte, grantige,
fleischüberbordende Überich.

Und Du;
Du schroffe Küste,
an der die Schiffe still zerschellen;
Du trotzt dem Meer,
seinen Stürmen, seinen Wellen.
Hältst mich sicher
in Deiner Felsenfaust geborgen,
das Viech der Viecher, das Du liebst,
schon gestern und wohl auch noch morgen.

Und so reiben wir uns lustvoll an uns selbst
die Schalen wund
und blicken gemeinsam bis tief hinein
in der Sterne Grund;
erliegen dabei weder Schwüren noch Trieben
und brauchen einander
wie die Küste das Meer,
wie der Morgen das Licht;
um zu atmen; um zu lieben.

Elementar

Rücklings im Meer treibend.
Den Blick fest auf das ewige Himmelsblau über
mir gerichtet.
Unter mir kilometertief nur schwarzes
Seemannsgrab
und Weltenursprung.
Ich bin zurück.
Endlich wieder zurück.
Kein Grund mehr, mich zu verbergen.
Kein Grund mehr für Furcht.
Der Moment vor dem Versinken.
Einmal noch das ganze Leben gedacht.
Vertraut. Getrieben. Laut losgelacht.

Federleichte Nordseemelancholie

Der Abend blutet sich ins Meer.
Ganz stille steht die Luft.
Und aus der Stadt dringt,
knapp noch hörbar,
das Lachen der Touristen her.

Sein rotes Kleid verbirgt er bald
unter einem dichten Schwarz.
Radfahrersilhouetten schälen sich aus dem
Horizont
und alles scheint zu schweben.

Aus meiner Brust brechen Blumen;
stürzen sich dem All entgegen,
mit den Sternen um die Wette zu strahlen.
Zu meinen Füßen liegt der weiße Wal
und träumt den langen Traum vom Träumen.

Und einer breitet seine Arme aus
und lässt sich in das Wasser fallen;
und einer liebt sein Mädchen hier
und einer will nur trinken.

Mich verweht der Abendhauch;
ganz so,
wie den weißen Wal,
den Trinker
und das ferne Lachen auch.

Phoenix

Ich schmiege mein Gesicht eng an den Asphalt.
Lese mit meinen Lippen allerlei Bodenkrumen auf.
Lippenstiftrote Kippen und blasshäutige
Kondome,
grüne Glassplitter und Vogelkot
und die restlichen Stücke meines Gesternichs.

Die Wolken formen Fratzen;
stumm und dumm starren sie mich an.
Glotzen wie tote Frösche mit ihren
lusterloschenen Augen.
Und alles was ich war und alles was ich bin,
sehnt sich nach dem Regen.
Der kommt und spült mich fort;
zusammen mit all dem Grind vom Bordsteinrand;
hinein in eine neue Ewigkeit,
aus der ich mich erheben kann.

Vom Welken und von Werden

Die Tage fallen aus meiner Welt
wie die Blätter von den Bäumen.
Und obgleich der Himmel blau erscheint,
ist meine Sicht der Dinge trüb.

Ich will mir nicht die Welt nur träumen.
Doch was in kalten Nächten übrig blieb,
sind oft nur Bilder oder Schatten,
von dem was einstmals Lachen war,
Liebesreigen oder Trieb.

Ach, so lang schon ist der Mohn verweht
und auf den Feldern sammeln sich
die Vögel, die es nach Süden zieht.
Wie wundersam der Sommer welkt!

Mit der Ebbe treibt davon
die Unbeschwertheit meiner Züge;
lässt den Erwachsenen zurück,
der niemals wollt erwachsen sein.

Erkenntnis reift, gleichsam dem Apfel,
dass niemand kann sich selbst entfliehen;
die Welt erschafft sich ständig neu
und all das, was jetzt glänzt, vergeht,
nur um wieder neu zu blühen.

Taub

Mit dem Geräusch eines kollabierenden Sternes im
Kopf,
starre ich über die wilde See.
Der Sturm fließt um mich herum,
wie um einen Fremden;
und alles ist taub. Nichts tut mehr weh.

Hätt' ich's gewollt,
ich wäre über die Wogen geschritten,
wäre dem Sturmlicht nachgefolgt
und mitten durch die schwarzen Wolken geritten;
allein, ich hätte mein Ufer verloren.

4:38

Die Kälte gibt meinem Atem eine flüchtige Form.
Alles ist still. Ganz wundersam still.
Im Osten ahnt man schon den neuen Morgen;
doch die Vögel sind noch nicht
und der Zeitungsmann ist schon wieder fort.

Ich bin allein. Atme.
Ein. Aus. Ein. Aus.
Was für ein Wunder die Welt doch ist!
Das Leben.

Ich blicke durch den Horizont hindurch;
eine Stunde lang,
vielleicht auch nur für einen weiteren Atemzug.

An dieser Schönheit zerspringt mein Herz
in Myriaden Sprenkel unschuldiger Freude;
die fallen sacht zu Boden.

Neue Saat für meinen Garten.

Mein Atem im Wind;
beim Umspielen der noch winterlich ruhenden
Bäume;
beim Tanz durch die geborstenen Fenster
der alten Scheune;
beim Verwirbeln der Blätter
auf den menschenleeren Plätzen.

Meine Hand
auf Deiner Wange,
um Deine Hand;
beim Kitzeln Deiner Füße.

Meine Augen
sehen Deine Augen,
schließen sich sanft
und sehen Dich dennoch weiter.

Wir scheinen zusammen aus der Zeit geraten;
sind mehr als nur dieses Fleisch.
Wir sind Tag und Nacht,
sind der Tide Hub,
sind Staub im Sonnenlicht.
Wir sind Meer und Firmament.
Wir waren, sind und werden,
wann immer auch ein Tag anbricht.

Dein Winterfell

Ich krieche in Dein Fell hinein,
das wärmt mich dann
im langen Winter.
Durch kalter Nächte dunkle Morgen,
hältst Du mich warm,
hältst mich geborgen.

Und lustvoll reißen wir das Fleisch
aus unserer Seelen Leiber
und bieten es der Erde feil,
denn wenn wir wirklich ehrlich sind,
macht diese Lust am Fleisch doch geil.

Wenn ich Dein Fell verlassen muss,
bricht neuer Frühling aus dem Grund.
Die Welt befleckt sich ganz mit Milde
und zeigt ihr blühendes Gesicht;
ganz ohne Eis
und Not zum Wärmen.
Doch schreib' ichs Dir in dies Gedicht:
Gräm' Dir nicht die Seele wund.
Denn neuer Winter reift bereits heran
und drückt sich an der Mutter Mund.
Dann sind wir endlich wieder Wilde
unter eisig klaren Sternen.

Eine Sekunde

Das Kopfsteinpflaster verliert sich in der Ferne.
Am Wegesrand steht der Löwenzahn
in seiner schönsten Blüte
und noch
ist alles Grün ganz ohne Schuld.

Ein Kinderlachen weht vorüber,
für immer in die Welt gesandt.
Wann mag sein zauberhafter Klang
ein anderes Herz als meines
mit solchem wohlig wehen Glück verzücken?
Am Boden liegt ein Wurm.
Wie er sich dreht, wie er sich windet,
um nicht zum Rabenfraß zu werden.

Mich schaudert der Gedanke zu vergehen.
Einst diesem Wunder zu entblühen.
Riechst Du das?
Dieses kraftvolle Erwachen,
diesen lebendigen Geschmack in allen Sinnen;
in allen Dingen.

Es ist ein seltenes Spektakel.
Dreiundvierzigmal erlebt.
Du musst sie Dir bewahren, diese tiefe Wunde.
Diesen Schmerz, der Dich einst nimmt
und der allein Dich doch erst werden ließ
und seien lässt.

Und wenn die alte Eule Dich dann ruft,
bist Du unendlich reich
und hast unendlich viel gewirkt.
Bist wie das Kinderlachen eben.
Ein Wimpernschlag nur in der Zeit;
und doch bist Du allein der Grund,
dass irgendetwas existiert.

In der Nacht

Dann und wann
haucht einer ein feucht-sehnsüchtiges Stöhnen
über den kalten Hafen.
Die Kneipenlichter, die sich auf dem schwarzen
Wasser spiegeln,
umrahmen die Angler, die auf Aale gehen.
Der Leichenfisch zur Mitternacht.
Zwischen Wolkentürmen blitzen Sterne,
ein Exgeliebter leidet gerne
und rüstet sich zur letzten Schlacht.

Gäbe es doch Geister hier!
Sie verlören sich in Nebelschlieren,
im Stimmgewirre in der Luft,
in einer lang vergessenen Dichtergruft.
Doch ich bin da.
Ich habe noch Wein
und auch noch Wut;
bin voll von Lust und wildem Blut,
reih' formlos mich zum Tanz mit ein
und kann doch niemals Tänzer sein.

Husum

Kalter, diesiger Morgen.
Dunstgeister lümmeln sich noch
auf dem Hafenwasser
und unrasierte Möwen träumen
auf ihren Schlafpollern
von ahnungslosen Touristen mit Fischbrötchen.

Während Tag und Nacht am Horizont
noch miteinander ringen,
führen die Huren und die Taxifahrer
im Krug noch letzte existentielle Gespräche,
dann ist ihre Schicht für heute vorüber.

Präapokalyptisch ragen die Silhouetten
der Eisenbahnbrücke und der Getreidesilos,
ganz so wie sorgsam angeordnete,
dann aber doch wieder vergessene Bauklötze,
über die noch schattenlosen Fischkutter hinweg,
in den Äther hinein.

Auf der Mitte der Fußgängerbrücke,
über dem Wasser sitzend,
lasse ich meine Gedanken wie schwerelos baumeln
und lausche gebannt der Melodie
meiner erwachenden Stadt.

An der Waterkant

Würdevoller Wolkenzug
über der schwarzgrünen See.
Weißliche Gischttupfen
wabern durch die dichte, kalte Luft.
Hier ist Dein Sehnen wohl verwahrt
für alle Deine Tage.

Einen formlosen Gedanken ausgesandt;
dabei zugesehen,
wie dieser sich mit den Tupfen tummelt;
wie er frohlockend
in der Unergründlichkeit der Welt verweht.

Das Augenlicht verliert sich ganz
im fernen Grau des Horizonts,
taucht ein in dieses stille,
stets tosende Mysterium,
das einst alle Dinge schuf.
Vermengt sich damit
und erkennt es lang genug,
um zu ahnen, dass es ist
und doch zu kurz,
um diese Ahnung zu begreifen.

Meine Finger zeichnen einem Wolkengesicht
zum Abschied ein makelloses Lächeln auf die Lippen,
bevor auch sie in diese Urgewalten schwinden.

Das Herz der Dinge

Da ist etwas,
das nicht verlorengehen kann;
ein unentdecktes Sein.
Das spendet den Prometheusfunken
an jedes Kind, an jede Frau und jeden Mann.

Es wächst empor ins Himmelszelt
und kitzelt dort die Sterne
und prahlt nicht mit der Ewigkeit,
nicht mit der Schöpfung dieser Welt;
Es trägt doch bloß ein bleiches Kleid
und hat den Mond so gerne.

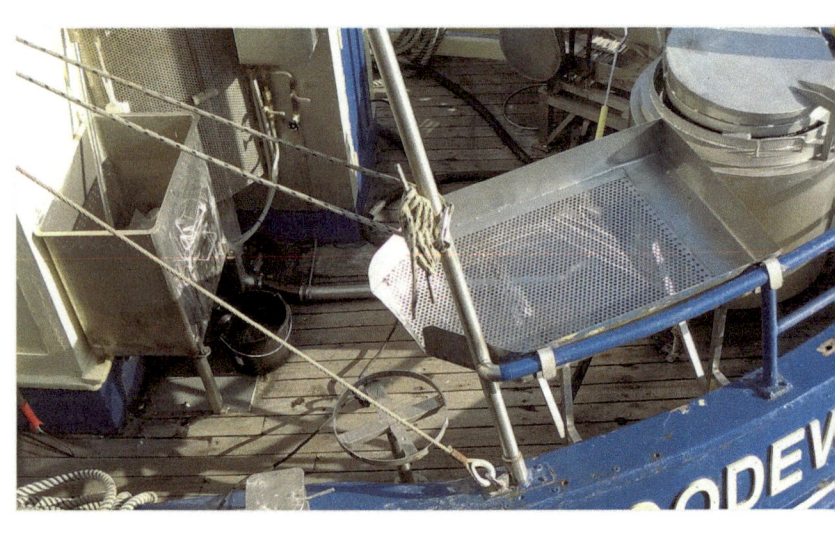

Sunday, Streatham Hill Station, 6 p.m.

Die Abendsonne kann ich von hier aus
beim Warten auf den Vorstadtzug noch sehen.
Weinblutigrote Dächer,
Bauruinen, Kräne;
ein in seinem Verfall charmanter,
ein guter Ort zum Warten.

Diesmal ist der Zug nur einen Augenblick
verspätet.

Die Stadt atmet tief durch.
Selbst die Flieger,
die im Sekundentakt stählern den Himmel
durchpflügen,
scheinen es gerade nicht besonders eilig zu haben.
Wie müde, dicke Vögle schleppen sie sich dahin.

Warten.

„LOVERID H8", steht auf eine karge
Betonbrücke gesprayt.
Ziel erreicht.
Ich denke tatsächlich eine Weile darüber nach,
was das zu bedeuten hat,
während sich Nick Cave in meinen Gehörgang
einnistet
und sich
und mich
und die ganze weinblutigrote Vorstadt fragt,
wer zur Hölle denn überhaupt wissen will,
was die Zukunft bringt.

OT

Der Wind bläst die Sommerbäume schief
und lässt das sonnengelbe Gras den Himmel
kitzeln.
Im Blick nach oben liegt Erhabenheit
und die Erkenntnis,
dass die Welt an sich vollkommen ist.

Ein Paar ausgedienter Schuhe
ruht sich aus am Uferrand.
Hier träumt das Schilf den einen Traum
und düster schweigt der See dazu.

Der Abend kehrt mit schwerem Atem
und Rabenschrei hierher zurück.
Der weiße Hirte Nebel
gibt frei den stillen Blick der Rehe;
des alten Mannes letztes Glück.

Über die See hinweg
winden sie sich wie Artisten
- scheinbar schwerelos -
durch den schier endlos blauen Himmel.

Mit meinen Kinderaugen
folg' ich ihrem Flug;
lasse dabei zwei verstohlene Atemzüge lang
das Stahlkorsett zu Boden gleiten,
das ich ansonsten doch so achtsam
mir um Herz und Sinne schnüre.

Frei sein. Staunen. Selbstbestimmt.
Einer Himmelslaterne gleich,
glückte und schwand dieser Augenblick.

Lektion

Eine wertvolle Ruhe liegt in der Luft.
Bleiernes Himmelgrau zieht vom Horizont
über meinen Kopf hinweg.
Das wiegt zwar nichts,
doch drückt es schwer.

Kein Luftzug geht.
Nur verschüchtert wagen die Vögel
eine Ahnung an ihr sonst so kraftvolles Lied zu
singen.
Das sattgrüne Dach der Blätter
hält wie vor Ehrfurcht erstarrt inne
und es ist wirklich so,
als stünde die Zeit für diesen kurzen Augenblick
still
und nur ich kann mich bewegen.
Ein Gefangener in gesprengten Fesseln.

Und dann beginnt es:

Erst mit einem tiefen, urklingenden Grollen;
und noch im selben Moment
bricht mit all ihrer Macht die Natur über mich
herein;
tränkt in Sekunden meine ganze Welt
in Sturzbäche handwarmen Regens,
lässt die Vögel endgültig verstummen,
legt alle Bäume schief,
macht mich, noch flüchtend, demütig ahnen,
wie fragil und vergänglich wir doch alle sind.

Im Krankenhaus

Die Tür öffnet sich wie von Geisterhand.
Da steht kein Mensch dahinter.
In Arial thront groß geschrieben an der Wand
„Anmeldung" in zartem Weiß,
fast wie im Winter.

Wieder öffnet sich die Tür,
als bitte sie mich sacht herein;
„…der Cherub steht nicht mehr dafür…",
fällt mir das alte Lied jetzt ein.

Schiebetüren, Sprachgewirr,
räuspern, blättern, Kindsgeschrei;
die Sinfonie der Wartehalle.
Was ist doch der Gesunde frei!
Und sollte täglich dafür danken.
Denn letztlich tilgt die Zeit uns alle:
die Schönen und die Reichen,
die Armen und die Kranken.

Einmal noch

Dieses Gefühl vernarbt nicht.
Es bleibt offen und eitert sich durch meine Welt.
Mit meinen geschlossenen Augen
betrachte ich sanft lächelnd Dein Gesicht,
Deine schwache Hand,
die die meine hält.

Das Telefon habe ich aufgelegt.
Roter Knopf,
danach nur Stille;
so unerbittlich,
dass ich fürchte, dass es mich erschlägt.
Blut rauscht im Kopf,
Herz pocht im Hals,
mein dummes Maul - ich halt's.

Im Sendeschlussrauschen verliert für immer sich
mein Blick.
Die eigene Collage,
das sorgsam aufgebaute Haus der Lüge,
alles Hoffen, alles Flehen;
Nichts davon brächte Dich zurück.

Erhebe also einmal noch die grimme Faust zur
Schlacht,
Kehr' einmal noch zurück ins Licht,
zerschmett're diese Finsternis,
reiß' heraus das kranke Fleisch,
die schlimmen Träume auch!

Erst wenn alle Wut verbraucht
und alles Licht erloschen ist,
küss' ich Dich zur Nacht.

Ein Sommertagstraum

Das Licht ist warm.
Im Gestrüpp reifen die ersten Brombeeren heran.
Am Himmel tummeln sich übergroße Schafe
auf einer endlos blauen Weide.
Der Boden ist so spröde wie mein Herz.
Die Kinder spielen noch Sommer,
während die Äpfel mürrisch still vor sich hinreifen.
Die Felder stehen in vollreifer Pracht
und es scheint mir,
als vibrierte die Welt vor Wonne,
als platzte ihr beinahe die Brust.

Die Gedanken schweifen weit von dannen.
Die Füße jedoch bleiben fest auf dem Boden;
nichts, dass sie tun könnten,
um dem freien Geist zu folgen.
Das weiß auch das Gras,
das sie sacht umwuchert.

Wenn schließlich dann die Nacht sich über den
Abend legt
und der Mond mich mild betrachtet
und die Motten mir das Bett zerfressen;
wenn der Traum mich sanft auf seinen Händen
trägt,
sei aller Zweifel fortgespült
und aller bitt'rer Groll für einen Augenblick
vergessen.

An den Freund

Du wirst nicht brechen.

Du bist im Wind das Singen der Gespenster;
die Küste, die der Brandung trotzt.
Du bist der edle Glanz der fernen Sterne in der
Nacht;
bist das erste Licht eines eisklaren Morgens.
Du bist das Lächeln auf den Lippen des
Unbekannten,
der Dich in der Stadt passiert;
bist der nachdenkliche Moment,
den ein grauer Regentag gebiert.
Du bist Dein liebevoller Blick auf Deines Kindes
sicheren Schlaf.
Du bist die stille Hand, die hält, wenn alles
rundherum zerfällt.
Du bist.

Und ach, wie sollte es auch immer einfach sein,
wenn Du doch stets so vieles bist
und noch so vieles mehr.

Du wirst nicht brechen. Niemals! Nein!

Wehgesang

Das wundersame letzte Kleid des Sommers
lässt die ersten Blätter ehrfurchtsvoll zu Boden
schweben,
während abertausend kleine Spinnen diesem Kleid
die Borte weben.

Noch immer weht ein warmer Hauch die
Stoppelfelder
krumm und schief;
auf denen ich im Kindertraum
ganz unbeschwert im weißen Lichte lief.

Dem Alten tränt das trübe Auge;
sieht er sich doch in fernen Zeiten.
Sein Blick schweift wortkarg übers Meer
über dieser Urgewalten Weiten
und klanglos bricht erneut sein Herz.

Auf dem Bachlauf liegt ein Nebel,
beinahe wie ein Tuch;
das macht die Luft ganz leise
und nimmt hinfort des Menschen alten Schmerz.
Die Zeit enteilt uns;
wir bleiben stets nur zu Besuch.
Ein weiteres Jahr zieht himmelwärts.

Danke fürs Lesen.

Copyright 2016 Gunnar Berndt